LE
NÉO-MALTHUSIANISME

La Vraie morale sexuelle. — Le Choix des procréateurs. — La Graine. — Prochaine humanité.

PAR

PAUL ROBIN

———

Prix : 10 centimes

———

Paris XXme
LIBRAIRIE DE RÉGÉNÉRATION
27, rue de la Duée,
1905

Aux Lecteurs

L'étude de la question sexuelle, si importante au triple point de vue individuel, familial et social, s'impose à tous ceux qui veulent le bonheur de l'Humanité.

Rarement une doctrine a été aussi décriée, et par conséquent, plus méconnue que celle de la prudence procréatrice.

Peu l'ont étudiée, tous en parlent, ne la connaissant que par les diffamations des pudibonds et des réactionnaires.

A tous ceux qui cherchent sincèrement la vérité, à tous ceux qui veulent **savoir** pour **agir** nous disons :

*Lisez et faites lire, abonnez-vous
et faites abonner vos amis à*

Régénération

Procréation consciente et limitée

ORGANE DE LA LIGUE DE LA RÉGÉNÉRATION HUMAINE

PARAISSANT LE 1er DE CHAQUE MOIS

Abonnements :
France, 1 fr. 50 ; Union postale, 1 fr. 80

ADMINISTRATION

27, rue de la Duée, Paris (XXe)

LE

NÉO-MALTHUSIANISME

*La Vraie morale sexuelle. — Le Choix
des procréateurs. — La Graine. —
Prochaine humanité.*

PAR

PAUL ROBIN

———

Prix : 10 centimes

———

Paris XXme

LIBRAIRIE DE RÉGÉNÉRATION

27, rue de la Duée.

1905

Avertissement

Le lecteur ne trouvera pas dans cette brochure un exposé homogène du néo-malthusianisme théorique et pratique. C'est une réunion de fragments parus dans *Régénération*.

Le premier article seul peut servir de canevas méthodique pour une conférence, une brochure ou même un volume.

Les autres sont des développements sur la morale sexuelle et la sélection humaine artificielle. Deux d'entre eux : *La Vraie morale sexuelle* et *La Graine*, ont paru dans des revues (*Revue de morale sociale* et *Chronique médicale*), en réponse à des enquêtes sur la question sexuelle.

Nous avons jugé bon de publier deux articles traitant le même sujet, *La Graine* et le *Choix des procréateurs*. Ils se complètent l'un l'autre bien que, parfois, ils se répètent.

Nous sommes persuadés que cette brochure, bien qu'elle manque d'homogénité, sera utile aux propagandistes.

TABLE DES MATIÈRES

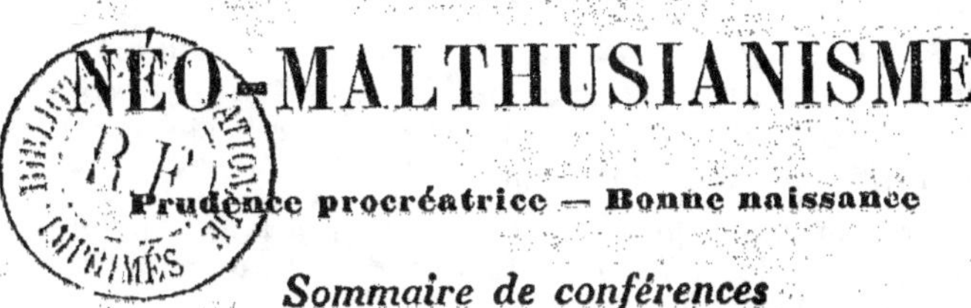 NÉO-MALTHUSIANISME

Prudence procréatrice — Bonne naissance

Sommaire de conférences

---

1. — Malthus a établi :

1º Que la population, si aucun obstacle ne l'en empêche, croît indéfiniment en progression géométrique ;

2º Que la quantité de subsistances que peut fournir un sol limité est nécessairement limitée ;

Donc : *Que la population a une tendance constante à s'accroître au-delà des moyens de subsistance.*

Malthus, prêtre et économiste anglais (1766-1838). Son ouvrage sur la population fut publié en 1798.

2. — Les *obstacles naturels* à l'accroissement de la population sont tous *douloureux*, répressifs : morts de faim, de misère, de maladies, guerres, meurtres, etc.

La sauvagerie des prétendues civilisations a, jusqu'à ce jour, aggravé les obstacles naturels.

3. — Les *moyens fournis* par la *Science physiologique* ne causent *aucune douleur*, sont *préventifs* : ils empêchent les naissances, les conceptions non désirées.

Ces moyens connus et employés par les riches sont considérés comme contraires à la décence, à la moralité, aux bonnes mœurs, par l'hypocrisie sociale, quand on les enseigne à ceux qui en ont le plus besoin, aux pauvres.

4. — Il y a intérêt pour tous, individus, familles, groupes sociaux plus ou moins étendus, humanité entière, à ce que les enfants naissent de la meilleure qualité possible.

5. — Cette vérité est admise pour toutes les espèces vivantes nécessaires à la nôtre, aussi bien végétales qu'animales, et la *pratique* des cultivateurs et des éleveurs est parfaitement conforme à la théorie de la *Sélection artificielle scientifique*.

Reproduction des sujets les meilleurs au point de vue recherché ; exemple : pour les chevaux de course, rapidité ; pour les animaux de boucherie, quantité et qualité de la viande ;... ce devrait être pour les humains, un ensemble harmonique de qualités physiques, intellectuelles et morales.

6. — Pour notre race, la solution de ce problème, *le plus grave de tous*, est laissée au *hasard*, et on le complique follement par la *sélection à l'envers*, la *destruction des meilleurs*, la conservation, la *reproduction des plus mauvais*.

Unions ou mariages au hasard de gens qui ne se connaissent pas ; motifs de mariage autres qu'amour réciproque ; guerres industrielles, guerres internationales ; charité négligeant les meilleurs, les laissant déchoir à tous égards, soignant surtout les inférieurs, assurant leur reproduction.

7. — La *morale positive* ne peut être autrement définie que la *science et l'art du bonheur* de tout ce qui vit et sent, et avant tout de notre race.

Nous avons tous intérêt à *connaître cette science*, à *pratiquer l'art* qui en est la conséquence.

Tout individu qui prétend donner à la morale une autre définition basée sur les conceptions *à priori*, non démontrées, qu'il adopte, n'aboutit en réalité qu'à celle-ci : « Un acte est moral quand il me plaît ; immoral quand il me déplaît. » Et c'est ainsi que chacun de ces métaphysiciens prétend faire de ses rêveries la règle des autres humains.

8. — Pour arriver au bonheur de tous, il faut :

1° Une bonne organisation de la société humaine.

Celle-ci n'a pu être réalisée par les individus en très

grande majorité presque sauvages des temps passés et présents. Elle le sera par les générations prochaines ayant reçu :

2° Une bonne éducation. De celle-ci, seuls auront tiré tout le profit possible, pour eux et leurs semblables, ceux qui seront de :

3° Bonne naissance.

Des expériences sociologiques impossibles aujourd'hui dans notre état d'intérêts antagonistes, de concurrence acharnée, de luttes, de divisions, de haines, seront faciles à des gens de bonne volonté, ayant tous la même culture, *basée sur le réel*, vivant dans l'abondance, dans un milieu d'intérêts concordants. — Bonne éducation, c'est-à-dire exclusivement fondée sur les réalités scientifiques, sur l'observation, l'expérience, la liberté, l'affection, tout à fait dégagée des résidus métaphysiques. Bonne naissance de parents de bonnes qualités, s'étant choisis en parfaite liberté et n'ayant enfanté qu'avec volonté bien réfléchie.

9. — Le problème du bonheur humain a donc *trois parties* à résoudre dans cet ordre et dans cet ordre seul :

1° *Bonne naissance* ; 2° *Bonne éducation* ; *Bonne organisation sociale*.

Les efforts pour résoudre une partie du problème sont en grande partie perdus tant que les précédentes sont mal résolues.

10. — C'est aux mères de résoudre la première. Toutes savent que *c'est un grand malheur*, une grande faute, de *mettre au monde des enfants* qui ont des chances d'être *mal doués*, ou de ne pouvoir dans les conditions actuelles, recevoir la *satisfaction entière de leurs besoins matériels et moraux*.

Cette vérité est la plus importante de toutes.

11. — Les femmes doivent savoir que la science leur fournit les moyens efficaces et non douloureux de ne mettre au monde d'enfants que quand elles le veulent, et elles ne le voudront certainement alors que dans des conditions telles que leurs enfants aient toutes les chances *d'être sains, vigoureux, intelligents et bons*.

Que toutes l'apprennent, les inférieures aussi bien que les supérieures. De la sagesse, de la prudence, de la *volonté raisonnée de celles-ci*, et de *l'heureuse abstention de celles-là*, dépend d'abord leur propre satisfaction, puis la première, la plus importante condition du bonheur de l'humanité.

En un mot, la maternité doit être absolument libre.

Que le nombre des gens diminue provisoirement ou définitivement, peu importe. Mais que la qualité de tous marche résolument vers l'idéale perfection.

Les moyens matériels sont décrits dans des ouvrages publiés ou adoptés par la Ligue de la Régénération humaine, envoyés seulement sur demandes de personnes majeures ; ou enseignés par des médecins et des sages-femmes indiqués par la Ligue.

12. — Les gens bien nés, bien élevés, n'auront aucune peine à s'entendre pour créer les organisations sociales basées sur la réelle liberté de chacun, assurant à tous l'abondance de tous les biens produits par la nature et l'industrie, et la félicité générale résultant de la bonté de tous envers tous.

LA VRAIE MORALE SEXUELLE

Les personnes au cœur chaud qu'émeuvent profondément la « Question de Population » et les problèmes poignants qui s'y rattachent, célibat volontaire ou forcé, unions sexuelles légales ou illégales, prostitution, procréation volontaire ou involontaire, progéniture des inférieurs, des dégénérés, régénération, amélioration de la race, sont souvent, quand il leur reste une dose plus ou moins forte d'une orthodoxie religieuse quelconque, singulièrement détournées de l'étude impartiale et des solutions audacieuses par la hantise de la *pureté*.

Attaquons cette néfaste doctrine. Afin de mieux asseoir leur domination sur les masses, les prêtres de toutes les sectes ont avec le temps acquis d'étranges droits de contrôle sur la satisfaction de nos besoins. Un peu d'amour et de reconnaissance pour l'auteur inconnu de rares bienfaits, mais surtout d'indicibles terreurs inspirées par les cruautés de toutes sortes infligées par la nature, et l'ignorance complète des causes de ces biens et de ces maux, sont à la base de toutes les croyances à priori. Des intelligents peu scrupuleux ont également exploité amour, terreur et ignorance et sont les souches des corporations de prêtres, moitié dupes eux-mêmes, des prétendues révélations qu'ils exploitent. Ces maîtres spirituels de la pauvre humanité, ont apporté d'innombrables entraves artificielles à la satisfaction de la faim déjà tant entravée par les circonstances naturelles : ripailles et jeunes rituels, carêmes et carnavals abondent dans toutes les religions; mais leur génie oppresseur s'est encore plus exercé aux dépens des besoins sexuels dont la satisfaction est laissée des plus faciles par la Nature.

Au groupe initial, famille, tribu nomade, causèrent de grands embarras, l'alourdissement de la femme, son accouchement, maladie grave, si bien traitée qu'elle soit; la naissance d'innombrables nichées dont il restait toujours trop malgré la brutalité avec laquelle on les détruisait, — tels aujourd'hui nos petits chiens et petits chats, — par l'écrasement, la noyade, l'exposition, (mort lente et cruelle tant en usage dans l'antiquité grecque avec sa civilisation apparente); par le brasier, seul moyen rapide, humain mais terrifiant et par suite rarement employé.

Solutions détestables de la difficulté par l'autorité matérielle ou morale : l'amour, l'union sexuelle fut entravée d'un nombre effrayant de prescriptions variées suivant le temps ou les lieux, toujours très oppressives et dont les plus sages mêmes avaient leur bénignité relative ensevelie dans d'atroces folies.

De sorte que l'acte sexuel a été accompagné pour la femme non seulement de la crainte très réelle de la grossesse, mais aussi de toutes sortes de terreurs imaginaires. Satisfaire au désir amoureux en dehors des rites exigés fut pour la femme le plus grand des crimes ; résister à l'appel de la nature et des sens usurpa la réputation de la plus grande vertu, fut même pour la femme, la seule vertu, la vertu sans épithète !

Et voilà comment l'admiration de cette abstention, coupable selon la nature, de cette vertu négative selon les institutions humaines, de la chasteté, de la pureté, est le dernier lambeau le plus résistant à la destruction, des doctrines métaphysiques qui ont toujours opprimé les humains et dont l'évanouissement, continu sans doute, reste d'une déplorable lenteur.

A part l'article de mes chers et savants amis, les Dⁱˢ Rutgers et Drysdale je n'ai jamais trouvé dans la *Revue de Morale Sociale* un article qui n'ait la préoccupation de la pureté. Ne voulant voir que les maux résultant de l'excès, ne se rendant pas compte qu'ils ne dépassent pas, souvent même n'atteignent pas ceux qui résultent de l'abstention, les apôtres de la pureté prennent dans l'excellente solution présente de la difficulté sexuelle, « une seule morale pour les deux sexes » non la morale de liberté, dont l'homme jouit aujourd'hui partiellement et qu'il faudrait encore élargir, mais la morale d'esclavage qui pèse sur la femme, qui crée les misères du célibat, les tromperies matrimoniales, les hontes de toutes les prostitutions.

Qu'on nous permette une courte digression : La prostitution est l'acte d'amour dans lequel l'amour réel est plus ou moins accompagné, sinon remplacé par des considérations intéressées. Ce n'est pas uniquement le fait de la pauvre fille qui vend à n'importe qui un contact passager pour une pitoyable somme de monnaie, mais autant et plus l'acte de celle qui avec toute forme requise, les vend tous en gros et

plus cher, fût-ce au même homme. Ce l'est tout autant de l'homme qui vend à une femme son nom et
sa personne en échange d'une fortune qui lui permettra l'oisiveté ou la malfaisance. Que de prostitués
aristocratiques, hautement honorés, sont plus mépri-
sables que la pierreuse la plus piétinée ! Et combien
d'autres prostitutions équivalentes à celles de l'amour:
celles de la plume ou de la parole...

Mais ne pas confondre hypocritement ou inconsi-
dérement la prostitution, amour esclave, avec l'amour
libre. Il peut arriver que deux parfaits amoureux
aient des ressources, des forces inégales et partagent
tout, peines et plaisirs avec parfaite fraternité. Ils ne
comptent pas, personne n'a le droit de compter pour
eux en faisant une hideuse confusion de l'affection et
de la monnaie. Ceci permet dans toute leur dignité
les amours entre gens de fortunes inégales. N'autori-
ser sous prétexte de dignité que l'union des fortunes
égales, est le retour au vil marchandage actuel de
l'amour à la double et réciproque prostitution.

La solution de la question générale de population
qui a la faveur présente de la presse réputée honnête
est le maximum d'abstention sexuelle ; et il se trouve
nombre de gens, surtout de femmes, dominés par
leurs préjugés pour affirmer que cela est désirable et
peut être généralisé ! Il y a même parmi les docteurs,
des théoriciens qui en vantent l'utilité physiologique
de la chasteté absolue. Je renvoie à l'admirable livre,
du docteur en médecine George Drysdale, les *Eléments de Science sociale*, cette vraie Bible de l'humanité, pour trouver la démonstration détaillée de la
Loi d'exercice.

A l'âge de la puberté, les organes génitaux réclament cet exercice aussi impérieusement que, dès la
naissance, les organes nutritifs réclament une alimen-
tation; les muscles, le mouvement ; les nerfs, les vibrations sensitives et motrices. Les gens chez
lesquels ce besoin n'existe pas sont des anormaux,
soit de par leur nature incomplète, soit de par l'effet

morbide de leur imagination, de leurs croyances spéculatives.

Qu'ils ne se donnent pas comme types d'humanité saine, et surtout que leur métaphysique déprimante cesse d'avoir dans son application le néfaste appui du bras séculier.

Mais, il y aura abus ? dira-t-on. Sûrement il en existe déjà partout, surtout là où il y a compression, et plus on tentera de comprimer, plus l'abus croîtra. Il décroîtra avec la liberté.

J'en atteste tant de gens qui ont eu à peu près leur part congrue et régulière de volupté sexuelle. Une fois satisfaits, réjouis des plus doux souvenirs, calmés par la suave espérance que l'avenir réserve les mêmes satisfactions à la renaissance de leurs désirs, ils ont toute liberté de corps et d'esprit pour se livrer à d'autres occupations. J'entrerais bien dans des calculs numériques, si je n'étais assuré de pousser à une exacerbation extrême, les sentiments des lecteurs que ma brutale franchise peut avoir déjà pas mal effarouchés. Que l'on me croie donc quand j'affirme qu'il existera parmi les vraiment libres, peu de gens assez ardents pour consacrer à la volupté d'amour le millième de leur existence, tandis que les plus occupés en consacrent sensiblement la moitié à celle de leurs autres besoins, sommeil, repos, nourriture, propreté.

D'autre part, chez les hommes qui n'ont pas les satisfactions sexuelles, leur besoin devient une obsession continuelle, une passion maladive, qui prend la place de toute autre pensée, qui se traduit en vices personnels, en folles agressions de faibles, et aboutit dans de trop nombreux cas extrêmes, aux crimes les plus invraisemblables. Chez les femmes plus réservées, c'est la cause principale de l'anémie, du dépérissement organique, de la vieillesse anticipée.

Comparez ces deux créatures du *même âge*, la misérable *vieille* fille, et la relativement heureuse jeune femme !

Pour justifier leur doctrine, les prêcheurs de pureté nous annoncent assez témérairement qu'un jour viendra où l'être humain d'essence plus affinée, saura « assigner à l'instinct sexuel la place qui lui est dûe, dompter ses manifestations intempestives, etc.». Mais morbleu? (dirait Henri IV) quand bien même les époux arriveraient à cette pondération plus qu'extrême de ne donner à la satisfaction sexuelle qu'un 200.000 de leur vie commune, ce serait encore assez pour que la femme saine pendant les 30 ans de sa vie sexuelle, normale, puisse atteindre le joli nombre de 16 enfants. Et la question de population serait loin d'être résolue.

Nous qu'on appelle néo-Malthusiens, qui prenons le titre de Régénérateurs, nous prêchons et rendons possible la *vraie morale*, celle de la santé, de la modération. Les partisans de l'abstention peuvent prêcher la pureté, mais non la rendre possible, générale, saine, ils aboutissent aux maladies résultant du manque d'exercice qu'ils affectent de mépriser, et fatalement aussi à celles que produisent les excès, au moins occasionnels, et qui leur causent tant d'horreur.

Leur morale a pour bases leurs rêves et leurs vieux résidus métaphysiques, elle ne peut que leur procurer une morose satisfaction fondée sur la souffrance de tous.

La nôtre a pour base la connaissance des lois physiologiques, la satisfaction normale, modérée, saine de tous les besoins corporels autant qu'intellectuels et affectifs.

Les vieilles morales surannées rendent fatale l'extention de la douleur, la nôtre est la fondation immuable du bonheur de tous.

****

Je voudrais encore insister sur ce point essentiel que notre doctrine offre le seul remède radical de la prostitution.

La principale cause de ce fléau social est le manque

de respect universel et multiforme pour la volupté sexuelle. Incessantes plaisanteries nauséeuses ou irréfléchies, condamnations pudibondes s'équivalent.

Etablissons en principe que la vibration nerveuse à laquelle correspond la volupté sexuelle, est tout aussi estimable que tant d'autres vibrations auxquelles personne ne refuse l'estime.

Il est tout aussi honorable pour un être humain de donner, de recevoir la volupté sexuelle que de créer une chose belle, utile, bonne quelconque, de regarder avec admiration un beau paysage, un beau monument, une belle figure, un beau tableau, une belle statue, d'entendre avec plaisir une belle musique, de se réjouir du parfum d'une rose, d'une violette ou d'un jasmin, de manger une pomme. (1)

Que cette évidence simple remplace l'échafaudage infini de niaiseries bâti tout autour de la volupté d'amour : honorabilité du seul mariage légal malgré toutes ses horreurs, infamie de toute union libre si stupidement confondue avec l'union esclave ; que cette transformation prêchée avec ardeur par les philosophes vraiment dignes de ce nom, s'accomplisse dans les cerveaux de tous, à commencer par ceux des femmes dites honnêtes, des mariées régulières, la prostitution cesse d'exister de fait et de nom, l'amour libre seul existe. Celui-ci ajoute aux joies de ceux et de celles qui ont déjà joui de quelques bribes d'amour réglementé dans de rares bons moments ; il vient enfin combler les désespérantes rêveries de la malheureuse moitié du genre humain, à qui le véritable

____

(1) Comme conséquence, à l'âge de la puberté, l'éducation sexuelle, théorique et pratique, doit être très honnêtement donnée à *tous* et à *toutes*, de préférence par d'habiles initiatrices et initiateurs dans toute la force de la maturité, qui, mieux que tous autres, apprendront à recevoir, à rendre le maximum de volupté, à éviter ses excès, ses abus, les maux divers, notamment grossesses et maladies contagieuses que lui ont si fâcheusement accolés les traîtrises de la nature, l'ignorance et l'incurie de la masse humaine.

amour était interdit par les sottes institutions et coutumes de tout temps et de tout lieu.

Mais qu'en échappant à l'esclavage artificiel de nos institutions, on se garde de tomber dans l'esclavage naturel résultant de la folle procréation d'enfants non désirés. La liberté de la maternité est la condition essentielle de la liberté de l'amour, de la fin de toutes les prostitutions, celle dans le mariage légal comme celle hors du mariage. (1)

La femme émancipée de l'esclavage des lois et des coutumes sexuelles aura la sagesse de ne faire d'enfants qu'à sa volonté. Et cette volonté, elle ne l'aura qu'après mûre réflexion, après s'être assurée de toutes les chances possibles que l'enfant qu'elle désire pourra être bien élevé physiquement et moralement, sera heureux, par conséquent bon, et qu'il deviendra plus tard un être humain réellement utile à ses semblables.

Hors de cette unique solution, complète, radicale, il n'y a que leurre, que fiction.

CHOIX DES PROCRÉATEURS

Il est bien peu de gens qui aient la modestie de reconnaître leurs diverses infériorités. Les plus laids, les plus inintelligents, les plus vicieux, sont en général les plus disposés à croire qu'ils rendent un grand service à leur famille, à leur classe, à leur pays, voire même à l'humanité, en procréant le plus grand nombre possible de dégénérés de leur espèce. Et, comme ces dégénérés se recherchent (peut-être parce que les moins mauvais les évitent), leurs produits de double dégénérescence sont encore pire que leurs procréateurs.

---

(1) Voir *Libre Amour Libre Maternité* par Paul Robin.

L'enfant est pour la plupart des gens, surtout des mères, une poupée, un joujou, en attendant qu'un peu plus grand il devienne une machine à taper dessus, un esclave à tout faire, un martyr ; mais si faibles d'esprit que soient la mère et le père, après un petit nombre d'expériences, ils ne tiennent pas beaucoup à avoir des enfants, et s'ils pouvaient vaincre leur paresse, leur négligence, leur saleté, s'ils connaissaient les moyens de ne pas enfanter, ils les exploiteraient avec enthousiasme. Beaucoup de mères auraient même très volontiers recours à la stérilisation définitive si elle se faisait sans danger et surtout sans douleur, et s'il n'y avait pas, pour les pauvres, des entraves légales plus ou moins hypocrites, que nos successeurs, sinon nous, réussiront à faire enfin disparaître.

La peur de la douleur, de la maladie, de l'accouchement, de la misère, fait et fera plus ou moins bien une partie de la besogne d'épuration des procréateurs. Si, comme il y a tout lieu de l'espérer, le troupeau devient moins stupide et se débarrasse de plus en plus de l'idiote tutelle de ses gouvernants spirituels et temporels, de ses inspirateurs, prêtres, journalistes, écrivains, et de ses bourreaux formant l'inextricable réseau de notre million de fonctionnaires, la question du choix des procréateurs se posera scientifiquement pour l'être humain comme pour les animaux qu'il transforme afin d'en tirer, à son avantage égoïste, le meilleur parti.

Mais la question est beaucoup plus difficile pour l'homme, dont il faudrait faire à tous les points de vue un idéal de perfection, que pour les animaux, dont on ne cherche en général à exagérer qu'une seule qualité, avantageuse pour nous, pouvant être et étant souvent déplorable pour eux mêmes ; tels les petits moutons du Béarn, horribles dégénérés rachitiques, hépatiques, graisseux, à laine immensément longue, touffue et fine, obtenue par une sélection perverse.

L'humain idéal n'est pas décrit, et il est probable que les descriptions faites par chaque essayiste varieraient avec ce que lui montrerait son miroir. Ayant bien soin de ne pas regarder le nôtre, nous considérons comme idéal, l'humain qui réunirait en lui seul l'ensemble des perfections dont nous n'avons trouvé que des parcelles chez un grand nombre, au point de vue corporel : beauté, santé, force, agilité; cérébral : intelligence, jugement, mémoire, imagination; affectif : amour de ses semblables, de tout ce qui sent et vit, de tout ce qui est beau, noble, grandiose, partout!

Malgré des exemples contraires, que les sots se réjouissent souvent à citer, il est *certain* qu'on augmentera les chances de réunir ces qualités, chez un humain à faire naître, en lui donnant deux parents chez lesquels elles se trouveront déjà le plus possible, sans qu'aucune soit contrebalancée chez l'un par une qualité contraire. On peut considérer comme une indiscutable vérité que, bonnes ou mauvaises, les qualités semblables chez les deux parents s'accroissent dans leur produit; que les dissemblables s'y atténuent, s'y effacent.

Que l'on continue cet effort pendant plusieurs générations, que l'éducation suive la même voie, et l'on verrait vite disparaître devant cette nouvelle race, scientifiquement tant améliorée, le tas d'abrutis qui charment les gouvernants, leur fournit en bas les résignés qui abaissent le niveau général de vie, les brutaux qui suppriment les mécontents; en haut, les prêtres imposteurs, les juges féroces, les militaires assassins et rapaces, la bureaucratie tyrannique et insatiable, et la ploutocratie synthèse de toutes ces abominations.

Quelque éloigné que soit le but, il faut savoir diriger ses regards vers lui. Quelque difficiles que soient les chemins pour l'atteindre, il faut les chercher, y faire les premiers pas, y saper le plus d'obstacles possibles.

D'ailleurs pour l'ensemble, pour les neuf-dixièmes au moins, et il serait probablement plus juste de dire pour les 99/100, la méthode est simple : *abstention absolue* ! Prendre, obtenir par tous les bons moyens, les enfants qui existent, mal pourvus, les nourrir, les soigner, les élever avec art. Mais se garder d'en faire d'autres, aussi pitoyables, tant que tous les vivants ne seront pas amenés au moins à un état *passable*, en attendant mieux.

Un immense progrès récent de l'opinion publique est cet avis, à peu près général aujourd'hui, que certains tarés notoires, fous, épileptiques, rachitiques, scrofuleux, tuberculeux... doivent s'interdire le parentage, ne doivent pratiquer le coït qu'absolument stérile.

Il faut compléter, étendre ce progrès à la multitude des petits tarés, des simples imparfaits à un point de vue quelconque. Tels, tous ceux qui sont nés ou devenus, jeunes, sans accident extérieur, plus ou moins chauves, sourds, mal voyants, myopes, presbytes, encore plus, à odorat imparfait, à nez souvent bouché, ultramuqueux, facilement enrhumés, à poitrines étroites et poumons exigus, à muscles que l'exercice gonfle peu ou pas, craignant les mouvements, la gymnastique, la marche, à organes sexuels mal développés, plus ou moins incapables de recevoir ou de fournir la volupté normale...

Que l'on aide tous ces résidus d'une fausse civilisation à vivoter comme ils pourront ; que le groupe social enrichi par les vigoureux et les habiles, traite tous ces débiles avec la plus fraternelle bonté, qu'il leur donne tout le nécessaire, plus grand pour les faibles que pour les forts, un fort agréable superflu, sans être arrêté par aucun des absurdes préjugés traditionnels. Qu'on leur donne beaucoup, qu'on leur demande fort peu ou rien — si ce n'est, et ceci, très *impérativement* : qu'ils soient les *derniers de leur pauvre race* !

LA GRAINE

Comment des médecins généralement déterministes dans les questions biologiques reviennent-ils à la doctrine du Libre arbitre en sociologie? Déclarer des humains responsables d'un acte, c'est tendre à justifier des arrêts judiciaires si souvent en contradiction avec les données les plus évidentes de la psychologie positive, renforcer le droit si contestable de punir, ajouter à la somme des inutiles souffrances.

Il faut, non punir ceux qui font le mal, mais, s'ils pêchent par ignorance, leur enseigner simplement à faire mieux; s'ils pêchent par infirmité mentale, les mettre le *plus humainement possible*, aussi longtemps et pas plus que nécessaire, dans l'impossibilité de nuire. Rien de plus !

Les médecins parfaitement égoïstes (et il y en a beaucoup de tels) qui désirent avoir le plus de malades, les plus malades possibles, et qui ont l'art de les entretenir en mauvais état sans les achever, ont intérêt à ce qu'il y ait, entre autres misères, beaucoup de grossesses, beaucoup d'enfants inférieurs. On peut même reconnaître les praticiens de cette catégorie à leur passion pour la haute natalité.

J'ai assisté en 1902 à un congrès nombreux dans lequel tous les médecins présents votèrent de manière à s'y faire classer. (1)

Les dignes médecins, trop rares, pénétrés de leur haute mission de véritables apôtres de la santé physique et morale de toute l'humanité, ne peuvent manquer, s'ils étudient et réfléchissent, d'arriver aux suivantes conclusions théoriques et pratiques :

(1) Voir dans le périodique l'*Assistance familiale*, directeur Dr Marie, le récit très atténué, reproduit dans *Régénération* N° 14, de la manière dont furent traitées ma personne et mes théories.

La population tend à s'accroître plus rapidement que les moyens de subsistances. (1)

Les obstacles naturels qui la limitent sont douloureux : morts prématurées, misère et conséquences sociales, guerre, crime, vice, célibat, prostitution. Avec la procréation au hasard, il y a eu partout en tous temps, le nôtre compris, insuffisance générale de subsistances. Comme il serait impossible de les accroître aussi vite que la population, il faut empêcher celle-ci d'augmenter autant, voire même la maintenir stationnaire, la *laisser* se réduire.

L'art des physiologistes nous permet déjà d'obtenir ce résultat sans souffrance pour personne, en donnant aux gens conscients, femmes aussi bien qu'hommes, les moyens de *ne procréer que quand ils le veulent*.

Les moyens actuels de prévention ne conviennent qu'aux gens propres et soigneux. Aux artistes physiologistes d'en trouver qui conviennent aux femmes sales et négligentes, c'est-à-dire à l'immense majorité. Sont moralement impropres à remplir leurs devoirs parentaux les couples qui ne *désirent* pas un enfant, fussent-ils physiquement des plus aptes, car suivant toute probabilité ils le traiteraient mal par ignorance, incurie ou même haine.

A l'usage des femmes inintelligentes, maladroites, inférieures, les médecins ne doivent pas se contenter de pratiquer en secret l'avortement ; ils doivent revendiquer avec énergie leur droit naturel de le pratiquer quand cela est individuellement et socialement utile, et venir à bout sur ce point, de l'opiniâtreté idiote et féroce des attardés qui font et appliquent les lois malfaisantes. Il se fera peut-être, mais pas sûr, plus d'avortements que maintenant (2), mais ils ne

---

(1) Voir le célèbre ouvrage de Joseph Garnier Le *Principe de Population*, les *Eléments de Science sociale* par George DRYSDALE, docteur en médecine, 6ᵉ édition française, traduite de la 32ᵉ anglaise 1905, aux bureaux de *Régénération*, 27, rue de la Duée, ainsi que plusieurs brochures populaires.

(2) Plusieurs statisticiens estiment que leur nombre égale au moins celui des naissances, soit par jour, 150 à Paris, dans le monde 3 000; par an à Paris 50 mille et dans le monde 20 millions.

présenteront plus les souffrances et dangers que présentent pour la femme la plupart de ceux, clandestins,
qui réussissent aujourd'hui, et en plus, pour les
enfants, les innombrables tentatives qui échouent.

Pour les pires dégénérés incurables, ceux dont certains aliénistes tendent à entretenir la reproduction,
il n'y a pas d'autre remède que la *stérilisation artificielle*. Encore une fois, il appartient aux artistes de la
physiologie de chercher, et ils en trouveront, des pro-
cédés pratiques qui ne présentent ni les dangers, ni
les douleurs, ni les conséquences de la brutale cas-
tration, de l'ablation des ovaires, de la ligature des
trompes.

A part d'antiques préjugés religieux et métaphysiques qu'on peut dédaigner, rien n'empêchera alors
de laisser ces dégénérés extrêmes goûter à saturation,
même avec excès, abus, dussent-ils en crever comme
le roi Charles IX ou l'archonte Sthénaros Eudaimon,
les seuls plaisirs qui puissent les charmer; que les
rapports sexuels dont ils sont aujourd'hui privés
soient permis, après stérilisation bienveillante, aux
fous dans les asiles, aux criminels (fous cohérents)
dans les prisons et les bagnes; ce sera un excellent
remède pour atténuer leur détraquement, sans aucun
danger pour un être sensible présent ou futur, et en
même temps une faible indemnité pour leur liberté
qu'on est bien forcé de limiter.

Ainsi les bicêtres se dépeupleront de leur population actuelle et devront être transformés en phalans-
tères, en véritables palais pour les gens sains. Tant
pis pour les aliénistes curieux, les geôliers féroces
dont la race disparaîtra avec celle de leurs fous et de
leurs criminels; tant mieux pour tout le monde!

Voilà ce que doivent penser, propager, accomplir
les vrais apôtres de la santé de tous, les sauveurs de
la pauvre humanité. Voilà quelle devrait être sans
délai l'œuvre de leur sélection supérieure, de l'Académie de médecine, bien transformée de ce qu'elle

est aujourd'hui. Pour cela, point de nouvelles lois
ridicules ou infâmes ! Au feu les vieilles ! Les cor-
diales instructions de ceux qui savent données aux
souffrants qui ne demandent qu'à savoir, la confiance
de tous envers la future majorité, et même unanimité,
la nouvelle race de médecins savants et habiles entre-
teneurs de santé, remplaçant l'universelle méfiance
contre les diplômés actuels, en si grand nombre igno-
rants et rapaces ; voilà ce qui vaut mieux que du
papier inutilement sali par les législateurs et les
jurisconsultes !

Dans le vieux mariage qui s'écroule, ou dans le
libre amour dont nous voyons l'aurore, jamais personne ne se permettrait un coït fertile sans les pré-
cieux avis des bons experts conseillers, sans être
assuré que le produit désiré aura toutes chances
d'être sain, vigoureux, intelligent, adroit, bon, de
devenir un membre utile de la famille humaine.

Quant aux cas ordinaires, aux copulations préven-
tives, aux coïts stériles, s'ils ne sont ni prématurés,
ni excessifs, si l'on sait, chose très facile à bien enseigner à tous, éviter, par suite éteindre les conta-
gions vénériennes, ils sont sans importance et ne
doivent causer à qui que ce soit aucune inquiétude
individuelle, familiale ou sociale.

Cette doctrine, ces pratiques constituent le premier
et indispensable chapitre du salut de l'individu et de
toute la race humaine.

Plusieurs des savants et des écrivains plus ou
moins sociologues qui ont pris part à l'enquête, ont
eu de ces vérités une première perception qu'ils font
vaguement pressentir dans leur réponse.

Un peu plus de courage, Messieurs, osez clamer la
vérité toute entière, marchez en tête, nous vous sui-
vrons. Ou bien si l'audace vous manque encore, provisoirement, suivez-nous. Voilà des années que nous
marchons seuls, après vous avoir souvent sollicités
en vain.

PROCHAINE HUMANITÉ

Nous visons le but le plus grandiose : une humanité résultant de plusieurs générations successives dont tous les membres auront été voulus, soignés avec zèle et science dès leur conception, ayant constamment reçu l'éducation physique et morale la plus intelligente, ayant toujours progressé à chaque étape.

Rien ne peut nous faire prévoir ce que sera l'humanité ainsi régénérée. Réunissons sur un même sujet les diverses qualités idéales que nous avons pu rencontrer presque complètement chez quelques exceptions, augmentées même de toute notre imagination : santé, force, habileté, intelligence, dans toutes ses manifestations, et enfin, par dessus tout cette bonté, cet épanouissement du cœur si diminué aujourd'hui par les circonstances, même chez les meilleures natures ; et figurons-nous que cet assemblage idéal de puissance physique, de science, de noblesse morale, sera la simple banalité dans la race ainsi transformée.

En rie qui voudra ! Les choses vont vite, plus que ne le croient les barbouilleurs de papier qui se sont faits les éducateurs de la masse, et qui posent pour les sceptiques parce qu'il est plus commode de blaguer, que de savoir, de prévoir, et surtout d'agir pour le bonheur de tous, conformément à science et à prévoyance.

En un siècle, nous avons passé de la pile de Volta à la lumière, à la traction électrique, au télégraphe, au téléphone, de l'argent corné de Scheele au Cinématographe, etc. Dans un siècle encore, nous pouvons passer de notre actuel dixième d'humains, au dixième heureux, parce qu'entourés de neuf dixièmes d'indicibles misères, à un monde nouveau qui l'emporte autant sur l'ancien au point de vue du bonheur que la locomotive et le steamer l'emportent sur la marmite de Papin.

Mais si c'est là l'idéal prochain qui doit conserver chaud le cœur des précurseurs, des apôtres, il est inaccessible aux rêves de la masse.

Un peu moins souffrir, c'est tout ce qu'elle demande, osant à peine l'espérer.

Et même, les revendications de ceux qui ne se résignent pas, sont généralement pour la minorité jouissante, plus effrayantes par leur forme irritée, par leur expression de haine trop justifiée, que par le fond même, que par l'espèce des améliorations, des transformations, voire même des révolutions qu'ils réclament.

Pensons donc, avant tout au timide désir du grand nombre et que notre premier acte comme celui de nos aînés, les Néo-Malthusiens anglais soit la *Croisade contre la misère*.

Les pauvres femmes qu'elle écrase n'ont ni temps ni cerveau à consacrer aux spéculations philosophiques, aux considérations de physiologie, de sociologie.

Tout ce qu'elles demandent c'est de ne pas avoir encore un enfant qui vienne ajouter à leur misère et en souffrir aussi. Il ne s'agit pas de les sermonner, mais de leur donner le procédé qui leur convient le mieux suivant les circonstances, sans craindre les détails, la leçon pratique qui leur permettra d'en user à coup sûr.

Voilà le véritable apostolat auquel se dévoueront bientôt tant de cœurs féminins, évidemment pleins d'amour pour celles qui souffrent, mais trop souvent dévoyés par un tas de petites réclamations de détail, d'ordre infiniment petit par rapport à la grande question de la *liberté de la maternité*.

Vous, les plus dévouées, les plus charitables, vous allez dans les taudis, porter aux pauvres honteux le morceau de pain insuffisant qui leur redonnera à peine un peu de vitalité pour souffrir plus longtemps; distribuer pour eux et pour leurs enfants de vieux vêtements, ce qui peut-être les empêchera de mourir de congélation immédiate, mais fera durer leur torture tout le long de l'hiver !

Vous retournez chez vous, chaudement vêtues, prendre un honnête repas, vous réjouir à la chaleur du foyer familial, puis vous endormir dans un bon lit, doucement bercées par le ressouvenir du bien que vou avez voulu, que vous avez cru faire !

Que notre intelligence, éclaire votre cœur. Vous avez fait un peu de bien et beaucoup de mal, en soulageant à peine quelques infortunes individuelles, vous avez préparé les innombrables infortunes à venir.

Quant aux autres qui jettent dédaigneusement leurs sous sans regarder, dans la main d'un mendiant qui peut aussi bien être un farceur qu'une véritable victime ; qui donnent avec ostentation dans quelque pompeuse parade de charité du monde où l'on s'amuse ; pour celles-là, le mal qu'elles font, n'a pas même pour excuse le bien qu'elles n'ont pas cherché à faire, une chaleur de cœur qu'elles n'ont point ressentie.

Disparaissez, dégénérées d'en haut, aussi à plaindre que celles d'en bas. Depuis longtemps vous profitez du savoir dont nous voulons gratifier vos sœurs martyres. Usez-en de plus en plus, conservez pour vos dignes mâles, vos grâces et vos charmes, gardez-vous de les déformer par une maternité dont vous n'êtes pas dignes : Que votre race s'éteigne avec vous !

Mais je me trompe, je n'ai pas de vœux à faire, je n'ai qu'à constater : Vous disparaissez, c'est un fait ; tant mieux, place aux meilleures !

A l'œuvre, donc vous, les meilleures, hâtez-vous de réaliser les premiers termes de l'humanité régénérée. A l'aide de votre science, de votre conviction profonde d'une part, faites tout pour arrêter la conception d'enfants qui auraient à tous points de vue chance d'être défectueux ; d'autre part prodiguez vos soins à tous ceux qui seront désirés, par de dignes mères ; à ceux déjà nés, faites des conditions telles qu'ils aient le maximum des chances d'êtres sains, vigoureux, intelligents et bons.

Laissez l'ignoble pédantisme scolaire perpétué par les attardés, ou les habiles, les routiniers ou les rhé-

teurs qu'il engraisse, et attachez-vous au développement dans le maximum de liberté, des qualités, qui
font l'homme intégral : santé, force, intelligence, bonté.

Oui ! notre propagande a deux parties essentielles.
Ses ennemis inconscients ne voient que la première,
qui est en effet la plus importante pour le moment.
Tant pis pour eux! Mais nous, voyons les toutes les
deux.

D'abord déblayer le terrain. Par tous les moyens
compatibles avec notre civilisation supérieure, notre
réelle humanité, débarrassons la race de tous les
déchets jamais désirés, jamais soignés, qui l'en-
combrent et entravent son développement.

Ensuite, à mesure que ces heureuses disparitions
feront place à de nouveaux êtres de qualités meilleures, déjà simplement parce que voulus et soignés,
appliquons tous nos efforts à développer au maximum
ces qualités qui s'élèveront encore dans la génération
suivante.

Ainsi se précisent nettement les deux parties de
notre programme : la négative et la positive, démoli-
tion et reconstitution.

Ainsi se justifient les deux sous titres de la Ligue
de la Régénération humaine, le premier achevant le
premier travail et entamant le second : Sélection
scientifique, ou en termes plus populaires *bonne naissance* ; le second complétant l'idéal de la Régénération
humaine : *Education intégrale !*

C'est le seul chemin sûr pour arriver à de bonnes
organisations sociales.

HUMBERT, imprimeur, 27, rue de la Duée, Paris XX.

En vente à RÉGÉNÉRATION

Feuilles de 2 pages pour distribution gratuite, 0 fr. 35 le cent ; 2 fr. 50 le mille
AUX FEMMES. — AUX GENS MARIÉS.

Brochures

LIBRE AMOUR-LIBRE MATERNITÉ par Paul Robin, prix 0 fr. 05, franco 0,10.

POPULATION-PRUDENCE PROCRÉATRICE par Paul Robin, prix 0 fr. 05, franco 0,10.

LE NÉO-MALTHUSIANISME par Paul Robin, prix 0 fr. 10, franco 0,15.

CONTRE LA NATURE par Paul Robin, prix 0 fr. 10, franco 0,15.

MALTHUS ET LES NÉO-MALTHUSIENS par Paul Robin, prix 0 fr. 10, franco 0,15.

LES PROPOS D'UNE « FILLE », recueillis par Paul Robin, prix 0 fr. 10, franco 0 15.

LE PROBLÈME DE LA POPULATION, par Sébastien Faure, prix 0 fr. 15, franco 0,20,

DÉGÉNÉRESCENCE DE LA RACE HUMAINE, causes et remèdes. Communication à la Société d'Anthropologie de Paris, par Paul Robin. P. V. Stock, éditeur. Prix 0 fr. 25, franco 0,30.

LE LIVRE DES MÈRES, par Lucy Schmidt, prix, 0 fr. 25, franco, 0,35

LA DÉPOPULATION, par Paul-Armand Hirsch, prix 0 fr.30, franco 0,40

MOYENS D'ÉVITER LES GRANDES FAMILLES, traduction de la brochure De Middelen ter voorkoming van groote gezinnen, publiée par la Ligue Néo-Malthusienne Néerlandaise, prix 0 fr. 30, franco 0, 35.

PLUS d'AVORTEMENTS, moyens scientifiques et pratiques de limiter la fécondité de la femme, par le Dr Knowlton, traduction de l'anglais par G. Lennox. L. Roman, éditeur à Namur. Prix 0 fr. 50, franco 0,55.

LA PRÉSERVATION SEXUELLE, par le docteur A. B. de Liptay prix 0 fr. 60, franco 0 65.

PAR LA RÉVOLTE, scène symbolique par Mme Nelly Roussel, avec introduction de Sébastien Faure. prix 0 fr. 50, franco 0,60.

SOCIALISME ET NÉO-MALTHUSIANISME par X.Y.Z, L. Roman, éditeur à Namur, prix 0 fr 60, franco 0.70.

CONTRE ET POUR LE NÉO-MALTHUSIANISME. Communication du Dr E. Javal à l'Académie de médecine, et réponse par Paul Robin, P. V. Stock, éditeur. Prix 0 fr. 75, franco 0,85.

POPULATION ET SUBSISTANCES, essai d'arithmétique économique, avec 2 tableaux statistiques, par G. Giroud. Schleicher éditeur. Prix 1 fr, franco 1,15.

Volumes

ÉLÉMENTS DE SCIENCE SOCIALE, ou Religion physique, sociale et naturelle. Exposé sur la véritable cause, et sur le remède des trois principaux maux de la société : la Pauvreté, la Prostitution et le Célibat, par Georges DRYSDALE, docteur en médecine.
Sixième édition française, traduite d'après la 32ᵉ édition anglaise, revue et corrigée par l'auteur. Prix 3 fr.; franco 3,50.

DU PRINCIPE DE POPULATION, par Joseph GARNIER, membre de l'Académie des sciences morales et politiques, Guillaumin, éditeur. Prix franco 10 francs.

PROPHYLAXIE SEXUELLE, causeries médicales sur la préservation et les préservatifs sexuels, avec 25 figures dans le texte, par le Dr A. B. DE LILTAY. Prix : 10 fr. Pour nos abonnés seulement, 3 fr. 50, franco, 4 fr.

FÉCONDE, roman, par Daniel RICHE, Flammarion éditeur. Prix 2 fr. 75 franco 3,25.

STÉRILE, roman par Daniel RICHE, Flammarion éditeur. Prix 2 fr. 75, franco 3,25.

SÉSAME ou la MATERNITÉ CONSENTIE, roman par Michel Corday, Fasquelle éditeur. Prix 2 fr. 75, franco 3,25.

MATERNITÉ, drame en 3 actes par BRIEUX. V. Stock, éditeur. Prix 2 fr. 75. franco 3,25.

LE SALON DE Mme TRUPHOT, roman par Fernand Kolney, Albin Michel, éditeur. Prix : 2 fr. 75, franco 3 25.

Périodiques

(Les abonnements sont reçus à Régénération)

THE MALTHUSIAN, organe de la LIGUE MALTHUSIENNE ANGLAISE; W.-H. Reynolds, New-Cross, London S. E. mensuel, abonn. Prix, 2 fr. par an.

SOZIAL HARMONIE, Organe de la Ligue allemande, SOCIAL HARMONISCHE-VEREIN, M. Hausmeister à Stuttgart, mensuel; abonnem., 3 fr. 50 par an.

LUCIFER (The light-Bearer), hebdom. Moses HARMAN, 500 Fulton stree Chicago, Ill. Etats-Unis. Abonnement 6 fr. par an.

SALUD Y FUERZA, organe de la Ligue néo-malthusienne espagnole : Bullfi, 98, Calle Commercio, Barcelone. — Souscription volontaire.

HET GLUKKIG HUISGEZIN (La famille heureuse), organe de la Ligue néo-malthusienne néerlandaise. Dr J. RUTGERS, Hugo de Grootstraat 32, La Haye. Abonnement. 4 fr. 50 par an.

RÉGÉNÉRATION années 1902-1903-1904, prix 1 fr. 50 chacune.

HUMBERT, imprimeur, 27, rue de la Duée, Paris XXᵉ.